¿Qué es la Serie Mundial?

Gail Herman

ilustraciones de David Grayson Kenyon

traducción de Yanitzia Canetti

Penguin Workshop

Para mi padre, que animó conmigo
a los *Miracle Mets*—GH

PENGUIN WORKSHOP
Un sello editorial de Penguin Random House LLC, Nueva York

Publicado por primera vez en los Estados Unidos de América por Penguin Workshop,
un sello editorial de Penguin Random House LLC, Nueva York, 2015

Edición en español publicada por Penguin Workshop,
un sello editorial de Penguin Random House LLC, Nueva York, 2023

Derechos del texto © 2015, 2017, 2018, 2023 de Gail Herman
Derechos de las ilustración © 2015 de Penguin Random House LLC
Derechos de la traducción en español © 2023 de Penguin Random House LLC

Traducción al español de Yanitzia Canetti

PENGUIN es una marca comercial registrada y PENGUIN WORKSHOP es una
marca comercial de Penguin Books Ltd. Who HQ & Diseño es una marca registrada de
Penguin Random House LLC.

Visítanos en línea: penguinrandomhouse.com.

Los datos de Catalogación en Publicación de la Biblioteca del Congreso están disponibles.

Impreso en los Estados Unidos de América

ISBN 9780593522684   10 9 8 7 6 5 4 3 2 1 WOR

Contenido

¿Qué es la Serie Mundial? 1

Sus inicios 4

Década de 1900: Comienza la Serie Mundial 10

Década de 1910: ¡El escándalo! 17

Década de 1920: Nueva York al bate 31

Década de 1930: La dinastía 40

Década de 1940: Color, maldiciones y vagabundos 53

Década de 1950: La "Serie del Metro" 62

Década de 1960: Maz, y un milagro 71

Década de 1970: Todavía malditos 77

Década de 1980: Un error y un terremoto . . . 84

Década de 1990: Del peor al mejor 89

Los años 2000: La unión hace la fuerza 94

Cronologías 106

Bibliografía 108

¿Qué es la Serie Mundial?

Era el 1 de octubre de 1903 y el primer juego de la Serie Mundial estaba por comenzar. Horas antes, miles de aficionados acudieron al terreno de Huntington Avenue, en Boston. Llegaron a pie, en calesa y en tranvía.

A las 2:00 p. m., los nueve mil asientos estaban ocupados. Entraron siete mil aficionados más, se sentaron en las vallas o se quedaron de pie detrás de las cuerdas que rodeaban el terreno. La entrada costaba el doble de lo habitual: 50 centavos para los que estaban de pie y en las gradas. Un dólar para los asientos de la tribuna.

Vinieron aficionados de toda procedencia: empresarios, estudiantes, obreros; ricos y pobres, con una excepción: los afroamericanos no eran bienvenidos ni en las gradas ni en el terreno. (De hecho, no habría jugadores negros en las

Grandes Ligas de Béisbol hasta 1947).

A las 3:00 p. m., un locutor leyó la alineación a través de un megáfono. El partido enfrentaba a los Americanos de Boston con los Piratas de Pittsburgh.

En la primera entrada, Honus Wagner impulsó

a uno de sus compañeros de los Piratas con un sencillo de línea. Fue la primera carrera anotada en la primera Serie Mundial.

Cada octubre la temperatura baja, las hojas caen y la emoción invade el ambiente de los aficionados al béisbol. Es el momento de la Serie Mundial (que se celebra una vez al año entre los mejores equipos de las Grandes Ligas) para decidir el equipo campeón.

Pero la Serie Mundial es más que una competencia. Es un evento con E mayúscula. Durante esos días de otoño, capta la atención de todo el país. Los presidentes lanzan la primera bola. Los cantantes populares entonan el himno nacional. En tiempos de guerra, en tiempos de paz, en los buenos y en los malos tiempos, la Serie Mundial celebra un deporte tan popular, que se conoce como el pasatiempo nacional.

CAPÍTULO 1
Sus inicios

Desde mediados del siglo XIX, el béisbol se ha jugado más o menos como lo conocemos hoy. Sin embargo, hasta 1869, no había equipos profesionales. Los Medias Rojas de Cincinnati fueron el primer equipo profesional. Le siguieron otros, y luego los equipos formaron ligas que tenían reglas, horarios y contratos para los jugadores.

Los equipos viajaban de ciudad en ciudad por ferrocarril. Los reporteros también. Escribían las historias y enviaban las noticias por telégrafo.

Los periódicos crearon "páginas deportivas" para despertar el interés de los fans, que empezaron a seguir a los equipos.

A finales de 1800, había dos grandes ligas: la Liga Nacional de Clubs de Béisbol Profesional y la Asociación Americana de Clubs de Béisbol. Entre los equipos estaban los Boston Beaneaters, los Brooklyn Bridegrooms y los Chicago Orphans. Algunos desaparecieron o cambiaron de nombre; pero otros, como los Gigantes y los Atléticos, siguen en activo.

Cada liga otorgaba un banderín a su mejor equipo. En 1882, los Rojos de Cincinnati de la Asociación Americana retaron a los Medias Blancas de Chicago de la Liga Nacional en los

juegos de postemporada. Algunos consideran que esta fue la primera Serie Mundial. Los equipos empataron a dos juegos. Pero la serie fue tan exitosa que acordaron seguir jugando partidos de postemporada.

¿Pero cómo se llamarían estos partidos? En 1884, se anunciaron como "Campeonato de los Estados Unidos". Pronto cambiaron a "Serie de Campeonatos Mundiales" y finalmente a Serie Mundial.

La Asociación Americana se retiró en 1891 y la nueva Liga Americana ocupó su lugar. Al año siguiente, los Piratas de Pittsburgh ganaron el banderín de la Liga Nacional. El propietario Barney Dreyfuss le escribió a Henry Killilea, dueño de los Americanos de Boston, ganador de la Liga Americana:

"Ha llegado el momento de que la Liga Nacional

y la Liga Americana organicen una Serie Mundial". Entonces se reunieron, acordaron fechas y reglas y se dieron la mano. No era oficial, pero la moderna Serie Mundial había nacido.

Equipos de las Grandes Ligas en 1903

Liga Nacional

Beaneaters de Boston (luego Bravos de Boston. Se mudaron
a Milwaukee en 1953 y a Atlanta en 1966.)

Superbas de Brooklyn (luego Petirrojos, y después Dodgers
de Brooklyn. Se mudaron a Los Ángeles en 1958.)

Chicago Cubs

Rojos de Cincinnati

Gigantes de Nueva York (Se mudaron a San Francisco
en 1958.)

Phillies de Philadelphia

Piratas de Pittsburgh

Cardenales de San Luis

1903 Boston Beaneaters

Liga Americana

Americanos de Boston (o Los Peregrinos, luego Medias Rojas de Boston)

Medias Blancas de Chicago

Naps de Cleveland (Por Napoleón "Nap" Lajoie, luego Indios de Cleveland, y Guardianes de Cleveland en 2021)

Tigres de Detroit

Highlanders de Nueva York (luego Yankees de Nueva York)

Atléticos de Philadelphia (Se mudaron a Oakland, California, en 1968.)

Browns de San Luis (Se mudaron a Baltimore en 1954. Luego Orioles de Baltimore)

Senadores de Washington (Se mudaron a Minnesota en 1961. Luego Mellizos de Minnesota)

1903 Browns de San Luis

CAPÍTULO 2
Década de 1900: Comienza la Serie Mundial

¿Dónde estaría el béisbol sin los aficionados?

En la contienda de 1903 entre los Piratas y los Americanos, el cuarto partido de la Serie Mundial se trasladó de Boston a Pittsburgh. Doscientos fanáticos de Boston siguieron a su equipo a Pensilvania. Estos, llamados "Hinchas Reales" fueron los primeros miembros de lo que hoy se conoce como la Nación de los Medias Rojas. Su equipo perdía dos partidos por uno, pero tenían fe, y la fe siempre ha sido una parte importante del béisbol.

Sobre el *Exposition Park* de Pittsburgh, solía haber humo negro arrojado por las fábricas cercanas. Ese día, el cielo estaba nublado y el terreno enfangado. Después de ocho entradas, los Piratas ganaban 5-1. El famoso jonronero Honus Wagner había pegado tres sencillos.

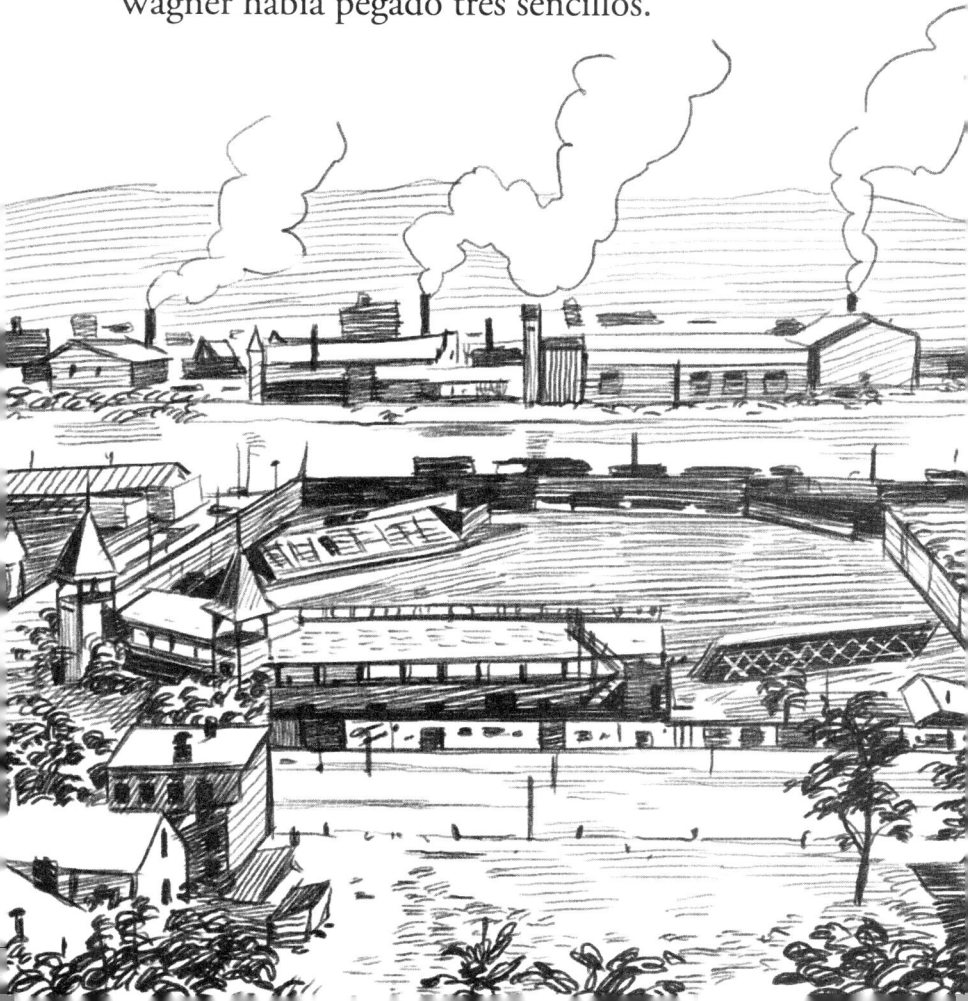

Honus Wagner (1874-1955)

Honus Wagner nació en Pittsburgh. Dejó la escuela a los doce años para trabajar en las minas de carbón, y luego se unió a los Piratas. Se le considera uno de los mejores jugadores de la historia.

En 2007, una tarjeta de béisbol de Honus Wagner se vendió por 2,8 millones de dólares. ¿Por qué? Se imprimieron menos de doscientas tarjetas antes de que Wagner insistiera en que la empresa dejara de producirlas. Las tarjetas de béisbol se colocaban en

las cajas de cigarrillos, y Wagner no quería animar a los niños a que fumaran.

Pero algo increíble sucedió. Los Hinchas Reales comenzaron a cantar. Y en la parte alta de la novena entrada, su equipo se recuperó y anotó tres carreras.

No fue suficiente. Pero los Hinchas siguieron cantando. Durante el quinto juego, con el lanzador de Boston Cy Young en el montículo, cambiaron la letra de la exitosa canción *"Tessie"*. En lugar de cantar, "Tessie, me haces sentir tan mal", cantaron, "Honus, ¿por qué bateas tan mal?".

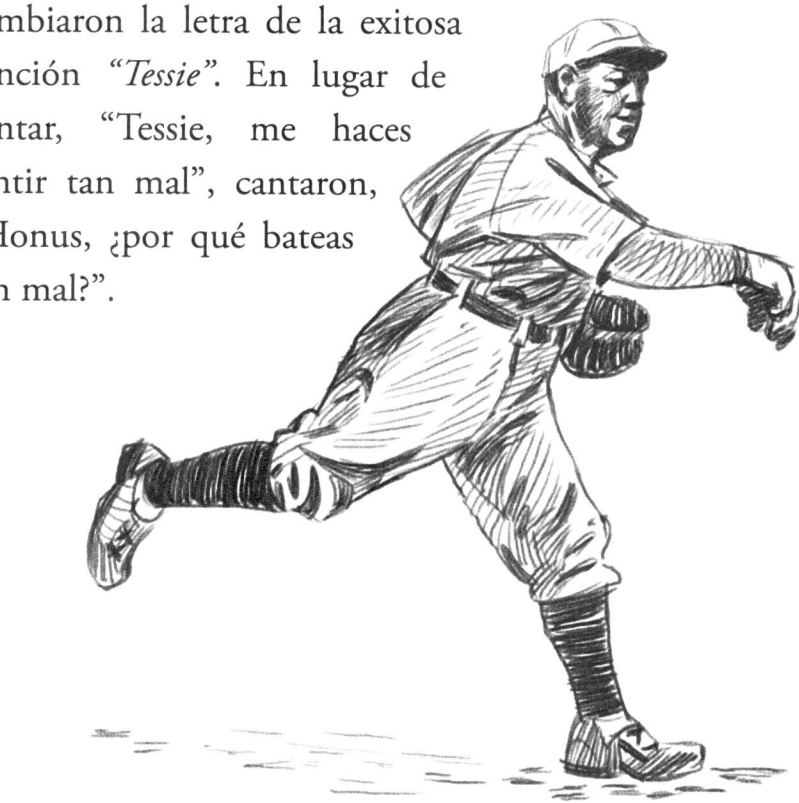

"Estaban cantando tan alto, que casi no se podía jugar a la pelota", recordaba el Pirata Tommy Leach. La última jugada de ese partido: Young ponchando a Wagner.

"Y antes de darnos cuenta, habíamos perdido la Serie Mundial", continuó Leach.

Los Americanos de Boston ganaron la primera Serie Mundial. Fue una serie de 9 a ganar 5. Cuando la Serie se hizo oficial, las reglas cambiaron a 7 juegos a ganar 4, número que se ha mantenido desde entonces. El formato de 9 partidos se intentó de nuevo solo de 1919 a 1921.

Ganadores de la Serie Mundial

1903: Americanos de Boston sobre Piratas de Pittsburgh

1904: No hubo Serie Mundial (los Gigantes de Nueva York, se negaron a jugar.)

1905: Gigantes de Nueva York sobre Atléticos de Philadelphia (Christy Mathewson, lanzó tres juegos de 9 ceros en 5 días.)

1906: Medias Blancas de Chicago sobre Cachorros de Chicago

1907: Cachorros de Chicago sobre Tigres de Detroit

1908: Cachorros de Chicago sobre Tigres de Detroit

1909: Piratas de Pittsburgh sobre Tigres de Detroit

CAPÍTULO 3
Década de 1910: ¡El escándalo!

En esta época, el béisbol era parte de la vida estadounidense. Las familias iban juntas a los partidos; algunas en sus nuevos coches, normalmente Ford Modelos T.

Fue una época emocionante para los fanáticos de Boston. Su equipo, ahora llamado Medias Rojas, ganó la Serie Mundial en 1912, 1915, 1916 y 1918, con el legendario jugador Babe Ruth a la cabeza.

Medias Rojas de Boston de 1918

La 1ra. Guerra Mundial devastaba Europa desde 1914. En 1917, Estados Unidos se unió a Inglaterra y Francia contra las Potencias Centrales. Los hombres estadounidenses tenían que "trabajar o luchar" para apoyar la guerra. Eso incluía a los jugadores de béisbol.

En 1918, muchos jugadores servían en el ejército, entre ellos la estrella de los Tigres, Ty Cobb, y Christy Mathewson, lanzador estrella de los Gigantes.

La temporada de béisbol se acortó. La Serie Mundial se celebró en septiembre, y los Medias Rojas se enfrentaron a los Cachorros de Chicago. Por primera vez, "*The Star-Spangled Banner*" se escuchó en la Serie.

Christy Mathewson y Ty Cobb

Babe Ruth lanzó 29 entradas seguidas sin permitir hits, durante dos Series Mundiales, y ayudó a los Medias Rojas a ganar la Serie de 1918. Esa fue su última temporada con Boston, pues fue vendido a los Yankees. Los Medias Rojas nunca serían los mismos. Muchos creían que el traspaso era la causa de lo que consideraban una "maldición". Sin el Bambino, los Medias Rojas no ganaron otra Serie durante ochenta años.

Cómo se veía la Serie Mundial

Antes de la radio y la televisión, los aficionados iban a los teatros para "ver" la Serie. Un locutor leía las jugadas de los mensajes telegráficos y actores representaban a los jugadores en el escenario.

Luego llegaron los marcadores eléctricos. Se colocaban en espacios públicos, como altas vallas publicitarias. Las luces parpadeantes mostraban el movimiento de la pelota. Algunos sistemas añadían jugadores "ficticios" que se movían por un diamante de béisbol. En 1911, setenta mil aficionados vieron la Serie Mundial en un tablero en Times Square, Nueva York, más que los que acudieron a los partidos a pocas millas de distancia.

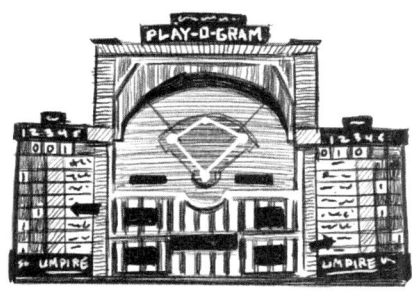

Terminada la guerra en 1918, el béisbol volvió a la normalidad. En 1919, los Medias Blancas de Chicago se enfrentaron a los Rojos de Cincinnati.

Todos aseguraban que los Medias Blancas ganarían, pues tenían los mejores jugadores. El gran lanzador Eddie Cicotte era el líder de la Liga Americana en victorias. Y Joe "Descalzo" Jackson, su bateador estrella, era un ídolo para millones de fanáticos. Era considerado el mejor bateador natural de la historia.

Cincinnati fue el anfitrión de los dos primeros partidos. *Redland Park* estaba lleno. Los fans miraban desde los apartamentos con vista al terreno, desde los tejados cercanos y subidos a los postes de telégrafo. Chicago perdió los dos primeros partidos. Los aficionados de Cincinnati estaban emocionados, pero sorprendidos.

¿Qué está pasando? se preguntaban. Nadie que siguiera el béisbol podía creerlo. ¡Los expertos jardineros estaban cometiendo errores! El lanzador Eddie Cicotte no podía lanzar *strikes*. Tampoco Lefty Williams.

Los equipos tomaron el tren nocturno a Chicago para el próximo partido de la tarde siguiente. Como los parques no tenían luces, los juegos eran siempre de día.

Sorpresivamente, los Medias Blancas perdieron el primer juego en casa, y perdían la Serie tres a uno.

En el quinto juego, Williams estaba en el montículo y muy bien, pero en la sexta entrada, los Medias Blancas cometieron errores increíbles.

Primero, Jackson y el jardinero central Happy Felsch salieron tras un *fly*, y la pelota picó entre los dos. Mientras, el bateador llegaba a primera y seguía corriendo.

Felsch recogió la pelota lentamente y se la tiró al segunda base, que no pudo atraparla. Los Rojos anotaron su primera carrera.

Después, con hombres en primera y segunda, los Rojos tenían un *out*. Cuando batearon un *fly* hacia el jardín central, Felsch fue tras la pelota. Él había capturado cientos de pelotas como esa.

A pesar de lo sucedido antes, seguramente este sería un *out* fácil.

Felsch dejó caer la pelota, ¡la dejó caer dos veces! Finalmente, se la tiró al campo corto, quien se la tiró al receptor.

¡Demasiado tarde! Los Rojos anotaron otra carrera.

A medida que el juego avanzaba, los poderosos bates de Chicago permanecían en silencio. El partido terminó con una derrota de los Medias Blancas, por 5-0.

Kid Gleason, el mánager de Chicago, le dijo a los periodistas: "Algo anda mal y no sé qué es". Los rumores aumentaron.

¿Estaban perdiendo los Medias a propósito? ¿Les estaban pagando a los jugadores para que perdieran?

En el octavo juego, en Chicago, Williams volvió al montículo. Los fans creían en él y se pusieron de pie, animándole.

Solo quince lanzamientos más tarde, Williams había permitido tres carreras. Los Medias perdieron 10-5, y la Serie, 5 juegos a 3.

Un año más tarde, ocho jugadores de Chicago fueron acusados de amañar la Serie, y expulsados del béisbol para siempre. Desde entonces, el equipo fue conocido como los Medias Negras. Algunos confesaron, incluido Jackson, pero después él insistió en que era inocente y que no entendía la acusación porque no sabía leer ni escribir.

Sin embargo, se cuenta que un niño detuvo a Jackson fuera de la sala del tribunal: "Di que no fue así, Joe", le suplicó. "Di que no fue así".

Sin decir nada, Joe "Descalzo" se marchó. ¿Por qué harían trampa estos jugadores?

Joe "Descalzo" Jackson (1881-1951)

Joseph Jefferson Jackson creció en Greenville, Carolina del Sur, era el mayor de ocho hermanos. La familia era pobre, y nunca fue a la escuela. A los seis años, ya trabajaba en las fábricas de algodón. Más tarde, jugó en los equipos de béisbol de la empresa. Jackson obtuvo su apodo cuando se quitó unos tacos nuevos e incómodos, bateó un triple y un aficionado del otro equipo lo llamó "descalzo desgraciado". Después de retirarse del béisbol, Jackson fue propietario de una tintorería, un restaurante y una licorería.

Aunque eran el mejor equipo del béisbol, los Medias eran muy mal pagados. Incluso los jugadores tenían que pagar el lavado de sus uniformes. (En realidad, al equipo lo llamaban los Medias Negras desde antes del fraude, por sus camisetas sucias).

Estos hombres tenían familias, hogares y deudas. El dinero fue la razón por la que hicieron trampa. Pero como dijo Cicotte más tarde: "Ahora lo he perdido todo".

Fue uno de los momentos más tristes de la historia del béisbol.

Ganadores de la Serie Mundial

1910: Atléticos de Philadelphia sobre Cachorros de Chicago (El entrenador Connie Mack llevó a su equipo a la Serie Mundial 4 veces en 5 años. Permaneció con él 50 años.)

1911: Atléticos de Philadelphia sobre Gigantes de Nueva York

1912: Medias Rojas de Boston sobre Gigantes de Nueva York (El segundo juego quedó empatado debido a la oscuridad, el único en la historia.)

1913: Atléticos de Philadelphia sobre Gigantes de Nueva York

1914: Bravos de Boston sobre Atléticos de Philadelphia

1915: Medias Rojas de Boston sobre Atléticos de Philadelphia

1916: Medias Rojas de Boston sobre Petirrojos de Brooklyn

1917: Medias Blancas de Chicago sobre Gigantes de Nueva York

1918: Medias Rojas de Boston sobre Cachorros de Chicago (Tuvieron que esperar casi un siglo para ganar otra Serie Mundial.)

1919: Rojos de Cincinnati sobre Medias Blancas de Chicago

CAPÍTULO 4
Década de 1920: Nueva York al bate

Muchos hogares estadounidenses ya tenían electricidad y coches. La vida era más fácil y divertida. Los locos años veinte estaban llenos de buenos momentos.

En el béisbol, Babe Ruth originaba grandes titulares. En 1921, implantó el récord de 59 jonrones en la temporada. Sin embargo, los Yankees cayeron ante los Gigantes de Nueva York en la Serie Mundial de ese año y en la de 1922. Los Yankees y los Gigantes se enfrentaron de nuevo en 1923.

¿Podrían los Bombarderos del Bronx derrotar a sus rivales del otro lado del río?

En el primer juego, estaban 4-4 al comienzo de la novena entrada. Casey Stengel, de los Gigantes, bateaba con la cuenta completa. Le hizo *swing* al siguiente lanzamiento y dio una línea al jardín central que llegó hasta la cerca.

Stengel corrió más fuerte que nunca. Dobló por primera, luego por segunda y tropezó. "Pensé que se me caía el zapato", dijo más tarde. Pero siguió corriendo, impulsándose con los brazos. Con la respiración entrecortada, se deslizó en el plato. ¡Quieto! ¡Un jonrón dentro del parque! Ganaron los Gigantes, 5-4.

Pero en el siguiente juego, en el parque de los Gigantes, el *Polo Grounds*, Babe Ruth conectó dos jonrones consecutivos. Los Yankees ganaron 4-2.

En el tercer juego, el marcador estuvo empatado 0-0 hasta la séptima entrada. Entonces, Casey Stengel salió a batear. ¡Conectó un *fly* alto y la mandó a las gradas!

Esta vez, Stengel se tomó su tiempo al recorrer las bases y levantó dos dedos, para indicar dos jonrones. Luego señaló con el pulgar al banquillo de los Yankees y al doblar por tercera, les sopló un beso. Fue la única carrera del juego, y la que dio la victoria a los Gigantes.

Su bateo en esos juegos, hizo famoso a Stengel. Sin embargo, Babe Ruth y los Yankees se llevaron la Serie y ganaron su primer campeonato.

En 1927, volvieron a ganar, con una alineación tan letal que fue llamada "Tanda del Terror". También barrieron en la Serie de 1928, en la que Ruth consiguió diez hits en cuatro juegos y un increíble promedio de bateo de .625. Dio tres

jonrones en el cuarto juego.

Pero Ruth no fue la única estrella de los Yankees. Otro jugador dio un jonrón en tres de los cuatro juegos. Era tan peligroso, que los lanzadores le

Combs   Koenig   Ruth   Gehrig

dieron 5 bases seguidas. Su nombre: Lou Gehrig.
Mientras que Babe era ruidoso y sobresalía como
una estrella de cine, él
era tranquilo y tímido.
Mientras que Babe era
noticia conduciendo
coches rápidos y
trasnochando, a Gehrig

Meusel   Lazzeri   Dugan   Collins

le gustaba pasar las noches en casa con su esposa.
Pero juntos, Ruth y Gehrig hacían magia en el
terreno.

En 1929, los todopoderosos Yankees perdieron
el banderín. Era como si todo el país estuviera en
una mala racha. La bolsa de valores se desplomó y
muchos perdieron sus trabajos y casas. Comenzó
la Gran Depresión.

Lou Gehrig (1903-1941)

Gehrig nació en la ciudad de Nueva York en una familia muy pobre. Su madre se ganaba la vida limpiando casas, pero insistió en que su único hijo fuera a la universidad. Apodado el "Caballo de Hierro", Gehrig jugó 2130 partidos seguidos a pesar de tener fracturas de huesos y problemas de espalda, un récord que duró cincuenta y seis años. Jugó para los Yankees toda su carrera.

En la Serie de 1928, consiguió cuatro jonrones y nueve carreras impulsadas. Puso tan nerviosos a los Cardenales que los lanzadores le dieron seis bases por bolas.

Ganadores de la Serie Mundial

1920: Indios de Cleveland sobre Petirrojos de Brooklyn
(Elmer Smith bateó el primer *grand slam* de las Series
y Bill Wasmsganss realizó el único triple play sin
asistencia hasta ahora.)

1921: Gigantes de Nueva York sobre Yankees de Nueva York
(Primera serie transmitida por radio)

1922: Gigantes de Nueva York sobre Yankees de Nueva York

1923: Yankees de Nueva York sobre Gigantes de Nueva York

1924: Senadores de Washington sobre Gigantes de Nueva
York

1925: Piratas de Pittsburgh sobre Senadores de
Washington

1926: Cardenales de San Luis sobre Yankees de Nueva York

1927: Yankees de Nueva York sobre Piratas de Pittsburgh

1928: Yankees de Nueva York sobre Cardenales de San Luis

1929: Atléticos de Philadelphia sobre Cachorros de Chicago

CAPÍTULO 5
Década de 1930: La dinastía

La Depresión afectó a millones de estadounidenses que se quedaron sin trabajo. Las colas para la comida gratis se extendían por cuadras.

Pero los fans seguían asistiendo a los juegos de béisbol para olvidar sus problemas.

Y, por supuesto, todavía estaba Babe.

La Serie de 1932 vivió uno de los momentos legendarios del béisbol. Ese año, Babe Ruth y los Yankees se enfrentaron a los Cachorros de Chicago. Ganaron dos partidos en Nueva York y luego se trasladaron a Chicago, donde los furiosos fans le lanzaron frutas a Ruth, que respondió con un jonrón de tres carreras.

En la quinta entrada, volvió a batear y recibió insultos de algunos jugadores de los Cachorros. El lanzador le pasó un *strike*. Ruth se volvió hacia el banquillo de los Cachorros y levantó un dedo: un *strike*. Le siguieron dos bolas. Luego vino otro *strike* y levantó dos dedos: dos *strikes*. ¿Estaba dejándose cantar los strikes a propósito?

Antes del siguiente lanzamiento, Ruth parecía señalar al jardín central, "*calling his shot*". Indicaba hacia dónde batearía la pelota.

La pelota vino hacia Ruth y le hizo *swing*, la bola se elevó por encima del jardín central y cayó en las gradas. Fue uno de los batazos más largos dado en el *Wrigley Field*. ¡La gente pensó que iba justo a donde Babe había señalado!

Ruth recorrió las bases, dando palmadas sobre

su cabeza en señal de victoria.

Los periódicos difundieron la historia del "*called shot*".

Cuando le preguntaban si había dirigido el jonrón, solo decía: "Está en los periódicos. ¿No es así?". Más tarde, admitió que con el dedo indicó que le quedaba un *strike*. "No he conocido a nadie que pueda predecir adónde va a batear una pelota", añadió.

Justo después de ese batazo, Lou Gehrig también dio un jonrón. Los Yankees barrieron la Serie, que fue la última de Ruth.

Lou Gehrig siempre jugó a la sombra de Ruth. Y ahora, sin Ruth, Joe DiMaggio se convirtió en el centro de atención. En 1936, hizo equipo con Gehrig, y llevó a los Yankees a cuatro campeonatos consecutivos, eran una dinastía del béisbol.

Tristemente, la carrera de Gehrig terminó en 1939. Comenzando la temporada, estaba claro que algo iba mal; no podía batear, no podía jugar, tenía una rara enfermedad muscular.

Ese verano, Gehrig fue homenajeado. En su discurso de agradecimiento a los aficionados, dijo: "Hoy me considero el hombre más afortunado sobre la faz de la tierra". Murió dos años después, justo semanas antes de cumplir los treinta y ocho años.

Aún sin Gehrig, los Yankees dominaban la era de la Depresión. Eran atractivos e inconfundibles. DiMaggio parecía una estrella de cine.

Joe DiMaggio (1914-1999)

Giuseppe Paulo DiMaggio se convirtió en otra superestrella de los Yankees. Creció en San Francisco con cuatro hermanos y cuatro hermanas. Su padre, un pescador, quería que los chicos siguieran sus pasos. Pero Joe y sus hermanos Vince y Dominic tenían otra idea: jugar béisbol profesional.

La racha de cincuenta y seis partidos bateando sin fallar lo hicieron una estrella del béisbol. Pero su estilo y gracia fuera del campo lo convirtieron en una celebridad. El gran amor de su vida fue Marilyn Monroe. Y aunque estaban divorciados cuando ella murió, le envió rosas a su tumba tres veces por semana durante veinte años.

Pero durante un año, en 1934, otro equipo ocupó el centro de atención: los Cardenales de San Luis.

La mayoría de sus jugadores habían crecido en la pobreza, sin mucha educación. Eran un grupo de pendencieros, desordenados, que disfrutaban con las bromas pesadas. Lanzaban globos de agua desde las ventanas y fingían pelearse en los vestíbulos de los hoteles.

La pandilla *Gashouse*

Cardenales de San Luis de 1934

Los Cardenales de 1934 se apodaban la Pandilla *Gashouse*. Lo más probable es que los llamaran así por las *"gashouses"*, que eran fábricas que convertían el carbón en gas. Estas fábricas malolientes se encontraban en los vecindarios pobres y peligrosos. Y tal vez así es como los Cardenales se veían a sí mismos: pobres y rudos.

Aun así, los Cardenales llegaron a la Serie Mundial contra los Tigres de Detroit.

Los Cardenales se divertían: en un juego en casa, Dizzy tocó la tuba para los fans. Después de tres juegos, ganaban dos a uno.

El cuarto juego fue en San Luis. En la cuarta entrada, Detroit ganaba 4 a 3. Pero los Cardenales tenían hombres en primera y tercera. Dizzy fue colocado en primera como corredor emergente.

El siguiente bateador de los Cardenales dio un roletazo al cuadro. Mientras Dizzy corría hacia la segunda base, el defensor de Detroit intentó una doble matanza. Cuando tiró a primera, le dio a Dizzy en la frente y este cayó al suelo. Todos quedaron en silencio.

Lo sacaron del terreno y su hermano Paul lo

llevó al hospital. Luego, Dizzy bromeaba: "Los médicos me hicieron unos rayos X de la cabeza y estaba vacía".

Los Cardenales perdieron ese juego 10-4. Dividieron honores en los juegos cinco y seis, y el partido decisivo fue en Detroit. Los fans llenaron las gradas construidas para la Serie.

Los Cardenales ganaban 7-0 en el sexto, con Dizzy en el montículo. El cardenal Joe Medwick dio un triple y al deslizarse en tercera chocó con el tigre Marv Owen, y empezaron a pelear.

Los fans le lanzaron a Medwick frutas, patatas y todo lo que encontraron. Los asistentes limpiaron el terreno, pero los fans seguían tirando. Finalmente, Medwick tuvo que abandonar el juego. A pesar de eso, los Cardenales anotaron 4 carreras más y ganaron 11-0.

Los fans que quedaron tuvieron una batalla con las almohadillas de los asientos. Fue un final apropiado para una Serie Mundial ganada por la Pandilla *Gashouse*.

Ganadores de la Serie Mundial

1930: Atléticos de Philadelphia sobre Cardenales de San Luis

1931: Cardenales de San Luis sobre Atléticos de Philadelphia

1932: Yankees de Nueva York sobre Cachorros de Chicago

1933: Gigantes de Nueva York sobre Senadores de Washington

1934: Cardenales de San Luis sobre Tigres de Detroit

1935: Tigres de Detroit sobre Cachorros de Chicago

1936 y 1937: Yankees de Nueva York sobre Gigantes de Nueva York

1938: Yankees de Nueva York sobre Cachorros de Chicago

1939: Yankees de Nueva York sobre Rojos de Cincinnati

CAPÍTULO 6
Década de 1940: Color, maldiciones y vagabundos

En 1940, Europa estaba inmersa en otra guerra mundial. EE. UU. no entró en la lucha hasta finales de 1941, después de la Serie Mundial entre los Yankees y los Dodgers.

Los Dodgers perdían dos juegos a uno en el cuarto juego. La temperatura récord alcanzó los 94 grados.

En la parte alta de la novena entrada, los Dodgers ganaban 4-3. El bateador de los Yankees Tommy Henrich tenía la cuenta completa con dos *outs*.

Los Dodgers estaban a un solo *strike* de la victoria.

Henrich le hizo *swing* al siguiente lanzamiento y falló. ¡Los Dodgers ganaron!, pensaron todos. Pero el receptor Mickey Owen no retuvo la bola.

Cuando eso sucede, el bateador puede intentar llegar a primera. Era solo el cuarto error de Owen, pero el más costoso. Henrich llegó a primera y los Yankees terminaron con un racimo de cuatro carreras.

"Ellos nunca se recuperarán de esta", predijo DiMaggio, y tenía razón.

Los "*Dem Bums*", como cariñosamente los apodaban sus fans, perdieron el juego y la Serie. Los equipos se enfrentaron durante los siguientes quince años. Y los Dodgers perdieron siempre, sin importar cuántas veces los fanáticos de Brooklyn les gritaron: "Esperen hasta el próximo año".

Ese "próximo año", 1942, EE. UU. estaba en plena guerra contra Alemania y sus aliados.

¿Qué pasaría con el béisbol y la Serie Mundial?

El comisionado de béisbol le preguntó a Roosevelt qué pensaba: ¿Seguir jugando? ¿O parar, mientras los estadounidenses luchaban en la guerra? El Presidente respondió en una famosa carta: "Creo que lo mejor para el país sería mantener el béisbol".

Aún así, más de 500 jugadores sirvieron en el ejército, entre ellos las estrellas Hank Greenberg, de los Tigres de Detroit, Ted Williams, de los Medias Rojas y "Joltin" Joe DiMaggio, de los Yankees.

En 1945, Greenberg regresó a casa para llevar a los Tigres al banderín y a la Serie Mundial contra los Cachorros.

Presidente Franklin Roosevelt

Ted Williams

El cuarto partido de esa serie, en el *Wrigley Field* de Chicago, fue escenario de uno de los momentos más extraños de la historia de la Serie. Un fan llegó con dos entradas, una para él y otra para su chivo. Cuando el chivo fue rechazado, el hombre se fue enfadado y dijo: "Los Cachorros no van a ganar más."

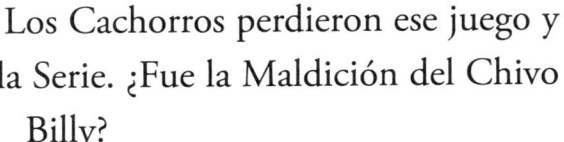

Los Cachorros perdieron ese juego y la Serie. ¿Fue la Maldición del Chivo Billy?

Los Medias Rojas también estaban bajo una supuesta maldición: la Maldición del Bambino, nombrada por el Babe.

En 1945 la guerra terminó y al año siguiente los Medias Rojas llegaron a la Serie Mundial por primera vez desde que no tenían a Babe Ruth. ¿Podrían vencer a los Cardenales?

En el séptimo juego, el marcador estaba empatado en el octavo. El cardenal Enos Slaughter estaba en primera con dos *outs*. Boston tenía buenas posibilidades. Pero el siguiente bateador dio un elevado corto al jardín central que se convirtió en un sencillo.

El asistente le gritó a Slaughter que se detuviera

en tercera, pero no le hizo caso. Siguió hacia el plato con la carrera ganadora. Los Medias Rojas perdieron, y la "maldición" continuó.

Los Dodgers siguieron perdiendo contra los Yankees, perdieron también en la Serie Mundial en 1947. Pero, esta fue una temporada histórica para ellos y para todo el béisbol.

Jackie Robinson se había unido a los Dodgers ese año. Fue el primer afroamericano en jugar en las Grandes Ligas.

Fue difícil para Robinson. Los fans lo insultaban y le mandaban cartas amenazándolo a él y a su familia. Los jugadores contrarios se burlaban de él y le clavaban los tacos mientras jugaba primera base. Sin embargo, ayudó a Brooklyn a ganar el banderín de la Liga. También, allanó el camino para que otros atletas negros llegaran a las Grandes Ligas. Ahora, un tercio de los jugadores de béisbol son negros.

Ganadores de la Serie Mundial

1940: Rojos de Cincinnati sobre Tigres de Detroit

1941: Yankees de Nueva York sobre Dodgers de Brooklyn

1942: Cardenales de San Luis sobre Yankees de Nueva York

1943: Yankees de Nueva York sobre Cardenales de San Luis

1944: Cardenales de San Luis sobre Browns de San Luis (Los dos equipos compartieron un mismo terreno.)

1945: Tigres de Detroit sobre Cachorros de Chicago

1946: Cardenales de San Luis sobre Medias Rojas de Boston

1947: Yankees de Nueva York sobre Dodgers de Brooklyn (primera Serie Mundial televisada)

1948: Indios de Cleveland sobre Bravos de Boston

1949: Yankees de Nueva York sobre Dodgers de Brooklyn

CAPÍTULO 7
Década de 1950: La "Serie del Metro"

La mayoría de los estadounidenses vivían bien en la década de 1950. Había muchos empleos y compraban casas y televisores. El primer partido de la Serie Mundial se había televisado en 1947, solo en Nueva York. Ya en los cincuenta, los juegos se transmitían en todo el país. Los viajes en avión se hicieron rutinarios y los equipos ahora viajaban en avión.

Los Yankees tenían incluso su propio avión.
Pero no lo necesitarían para la Serie de 1951 contra los Gigantes. Fue la "Serie del Metro", porque los partidos se jugaron entre equipos de la misma ciudad, Nueva York, y los aficionados podían viajar a ambos estadios en metro.

Ese año, el "chico de Oklahoma", Mickey Mantle, se adueñó del jardín central. Con solo 19 años, se unió al receptor Yogi Berra, al lanzador Whitey Ford y a Joe DiMaggio, que jugaba su última Serie Mundial.

En el segundo juego, Willie Mays, de los Gigantes, dio un *fly* alto hacia el jardín central. Mantle lo persiguió,

pero vio que DiMaggio lo podía capturar y se detuvo en seco. Su taco se enganchó en un tubo de desagüe y cayó torciéndose la rodilla derecha, por lo que quedó fuera el resto de la Serie.

El padre de Mickey, Elvin "Mutt", preocupado, lo vio todo desde el banquillo de los Yankees. Mutt consiguió llevar a Mickey al hospital, pero se desplomó en la acera. No le había dicho a su hijo que estaba muy enfermo. Que se estaba muriendo.

Tras la muerte de su padre, Mickey jugó con más ahínco. Él había sido un gran fanático del béisbol. Estaba seguro de que hacía lo que su padre hubiera querido que hiciera.

En la siguiente Serie Mundial, contra los Dodgers, Mantle bateó un doble, un triple, y dos

jonrones. ¡Los Yankees tenían cuatro campeonatos seguidos! Al año siguiente, ganarían de nuevo para un récord de cinco.

Ya los Dodgers habían perdido siete veces contra ellos. En 1955, pensaron que tal vez ese podría ser su año. Jackie Robinson también lo esperaba. A los 36 años, estaba bajando su ritmo. Todavía robaba bases, pero ya no era el corredor que solía ser.

En la octava entrada del primer juego, Jackie estaba en tercera base e hizo su baile habitual. ¿Saldría al robo? El lanzador Whitey Ford lo miró y comenzó sus movimientos.

¡Jackie se fue, justo cuando Ford le lanzaba al receptor Yogi Berra, se deslizó en el plato. ¡Quieto! ¡Jackie Robinson había robado el plato en la Serie Mundial!

Los Dodgers perdieron ese juego 6-5. Pero ganaron la Serie, ¡cuatro juegos a tres! ¡Su primera Serie!

Al año siguiente, los Dodgers y los Yankees

estaban de nuevo en la Serie Mundial. Estaban empatados, a dos juegos por bando. Para el quinto juego, el lanzador de los Yankees, era Don Larsen.

Larsen no era un lanzador estrella, pero ese día estuvo estelar. Después de ocho entradas, los Dodgers no habían dado ni un hit. Los Yankees tenían dos carreras. Estaban en la novena, si Larsen retiraba a los siguientes tres bateadores, tendría un juego perfecto.

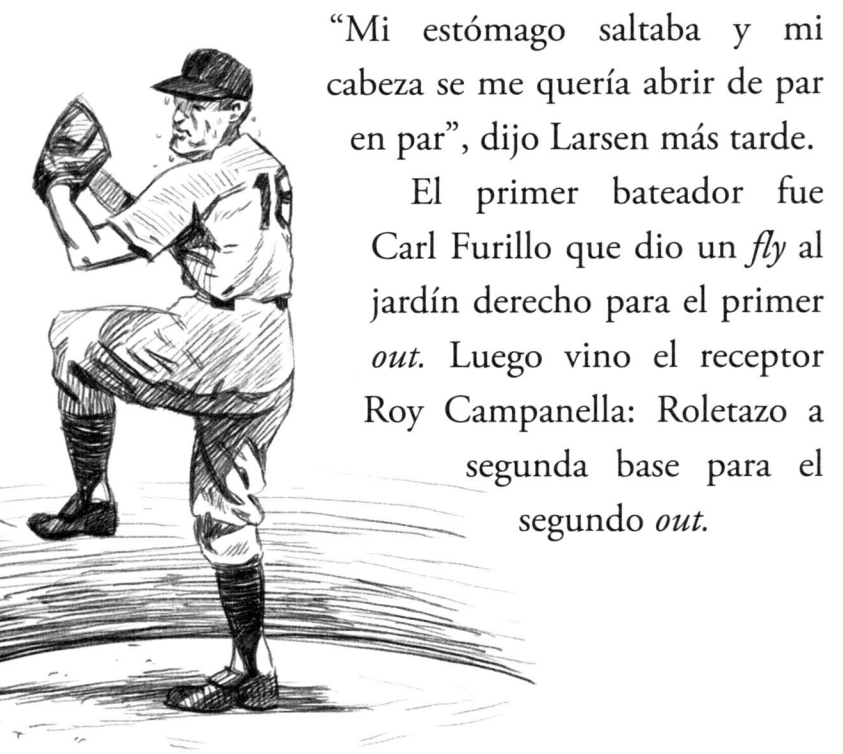

"Mi estómago saltaba y mi cabeza se me quería abrir de par en par", dijo Larsen más tarde.

El primer bateador fue Carl Furillo que dio un *fly* al jardín derecho para el primer *out*. Luego vino el receptor Roy Campanella: Roletazo a segunda base para el segundo *out*.

Larsen se quitó la gorra y se limpió la frente.

Dale Mitchell vino a batear. Larsen lanzó y, primer *strike*. Luego dos *strikes*. ¡Y tres! ¡Mitchell era *out*! Don Larsen lanzó el primer cero *hit* cero carrera de una Serie Mundial. ¡El primer juego perfecto! Y otra Serie para los Yankees.

En 1958, los Dodgers y los Gigantes se fueron a California. No habría otra Serie del Metro por cuarenta y cuatro años.

Ganadores de la Serie Mundial

1950: Yankees de Nueva York sobre Philadelphia Phillies

1951: Yankees de Nueva York sobre Gigantes de Nueva York

1952 y 1953: Yankees de Nueva York sobre Dodgers de Brooklyn

1954: Gigantes de Nueva York sobre Indios de Cleveland (El gran Willie Mays realizó *"The Catch"*(la Gran Atrapada).)

1955: Dodgers de Brooklyn sobre Yankees de Nueva York

1956: Yankees de Nueva York sobre Dodgers de Brooklyn

1957: Bravos de Milwaukee sobre Yankees de Nueva York (Hank Aaron (Martillo), quien llegaría a romper el récord de jonrones, lideró a los Bravos con tres jonrones y nueve carreras impulsadas.)

1958: Yankees de Nueva York sobre Bravos de Milwaukee

1959: Dodgers de Los Ángeles sobre Medias Blancas de Chicago

CAPÍTULO 8
Década de 1960: Maz, y un milagro

Los años sesenta fueron una década de cambios: en la música, la moda y la política. El béisbol de las Grandes Ligas también cambiaba. Al final de la década, cada liga tenía doce equipos. Había equipos en San Diego, Seattle, Minneapolis, Atlanta e incluso en Canadá.

Los Yankees, con Mickey Mantle y el jonronero MVP Roger Maris, se enfrentaron a los Piratas de Pittsburgh en la Serie Mundial de 1960. Roberto Clemente, estrella de los Piratas, fue el primer latino de las Grandes Ligas.

Roberto Clemente

El séptimo juego fue muy reñido, lleno de errores y jonrones. Pittsburgh vino a batear en el final del noveno empatados a 9. La presión estaba en el primer bateador, Bill "Maz" Mazeroski, quien era un brillante defensor, pero no un buen bateador. Apodado "Sin Manos", fildeaba y soltaba la bola tan rápido que sus manos no se veían.

Mazeroski le hizo *swing* al segundo lanzamiento y mandó la bola sobre la pared del jardín izquierdo. El juego y la serie terminaron. Maz corrió las bases saltando.

Pero los Yankees no estuvieron debajo por mucho tiempo y ganaron las siguientes dos series. Los Dodgers de Los Ángeles también se llevaron dos títulos, ayudados por el lanzador zurdo Sandy Koufax.

Sandy Koufax (nació el 30 de diciembre de 1935)

Sanford "Sandy" Koufax creció en Brooklyn, Nueva York, y jugó para los Dodgers (en Brooklyn y en Los Ángeles) durante toda su carrera. Como lanzador número uno, se esperaba que lanzara el primer juego de la Serie Mundial de 1965. No lo hizo porque cayó en Yom Kippur, la festividad judía más sagrada. Koufax es judío y aunque no solía asistir a los servicios religiosos, sentía que era importante rendir homenaje ese día. Lanzó los juegos dos, cinco y siete. Ayudó a su equipo a ganar, y fue nombrado MVP de la Serie.

Pero la mejor historia de las Series de la década ocurrió en 1969.

Los Mets de Nueva York se unieron a la Liga Nacional en 1962. Perdieron 120 partidos en su primera temporada y terminaron en el último lugar todos los años. Pero algo sucedió en 1969. Ese verano, Neil Armstrong pisó la luna. La gente decía que eso era tan increíble como que los Mets llegaran a la Serie Mundial.

Los *Miracle Mets* se enfrentaron a los Orioles que era considerado uno de los equipos más fuertes. Pero sus poderosos bateadores, Boog Powell, Frank Robinson y Brooks Robinson, no lograban hacer carreras. En el quinto juego, los Mets ganaban 3 juegos a 1 y podían conseguir el título.

Pero en la séptima entrada, perdían por una carrera.

Al Weis salió a batear. Había dado solo dos jonrones. Pero esta vez, mandó la bola a las gradas del jardín izquierdo y empató el juego. Anotaron dos veces más y ganaron. Fue una gran sorpresa en la historia de la Serie Mundial. Una forma "milagrosa" de terminar la década.

Ganadores de la Serie Mundial

1960: Piratas Pittsburgh sobre Yankees de Nueva York

1961: Yankees de Nueva York sobre Rojos de Cincinnati

1962: Yankees de Nueva York sobre Gigantes de San Francisco

1963: Dodgers de Los Ángeles sobre Yankees de Nueva York

1964: Cardenales de San Luis sobre Yankees de Nueva York

1965: Dodgers de Los Ángeles sobre Mellizos de Minnesota

1966: Orioles de Baltimore sobre Dodgers de Los Ángeles

1967: Cardenales de San Luis sobre Medias Rojas de Boston

1968: Tigres de Detroit sobre Cardenales de San Luis

1969: Mets de Nueva York sobre Orioles de Baltimore

Un programa oficial de béisbol con los Medias Rojas de Cincinnati de 1869

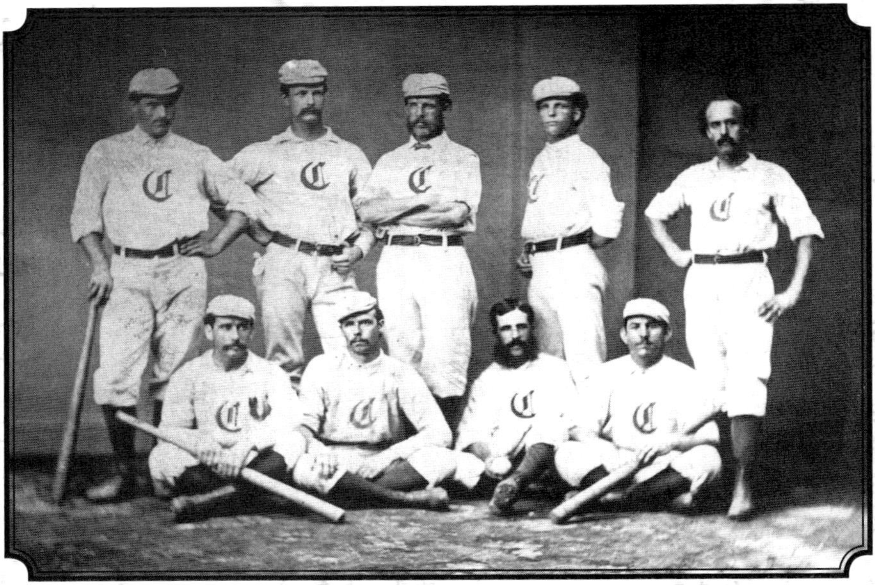

National Baseball Hall of Fame Library/Getty Images

El primer equipo profesional del béisbol: los Medias Rojas de Cincinnati

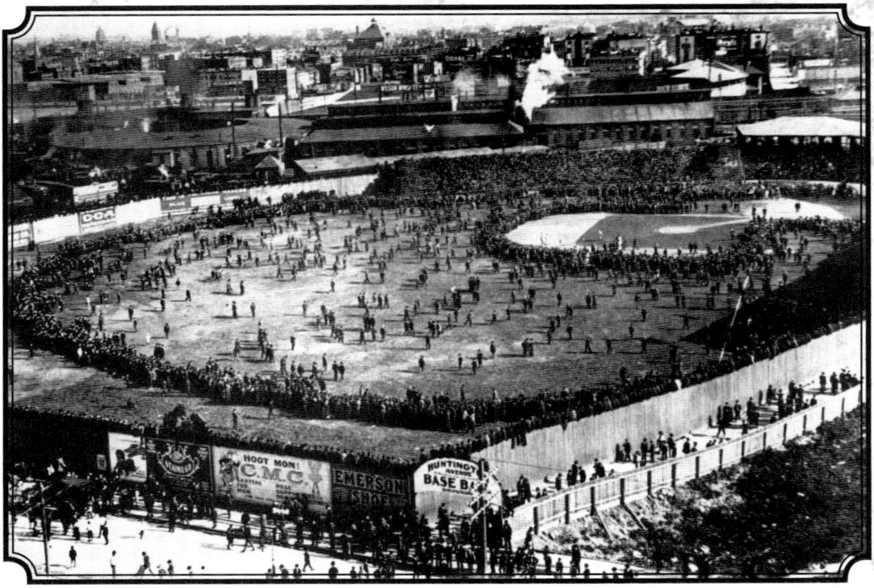

National Baseball Hall of Fame Library/Getty Images

El terreno de Huntington Avenue en Boston, Massachusetts, 1903

Los ocho jugadores de los "Medias Negras" de Chicago en la corte, 1919

Babe Ruth posa con una Niña Exploradora, 1923.

Lou Gehrig batea en el Yankee Stadium, años 1920

Joe DiMaggio jonronea durante su primer turno al bate
en la Serie Mundial de 1936

El presidente Franklin Delano Roosevelt lanza la primera bola en
Fenway Park, en Boston, 1938

Babe Ruth abraza a Lou Gehrig después del discurso
de despedida de Gehrig, 1939.

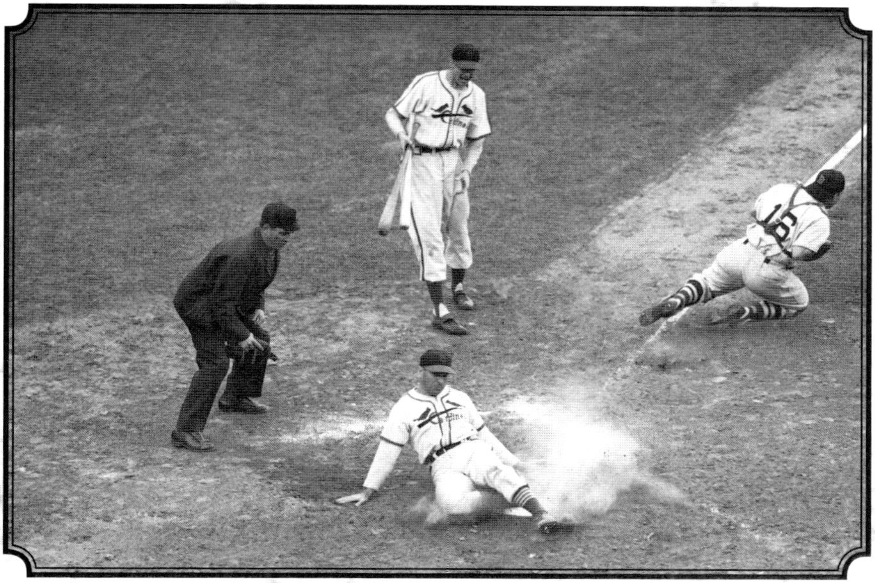

Bettmann/CORBIS

Enos Slaughter, de los Cardenales de San Luis, se desliza en el plato, 1946.

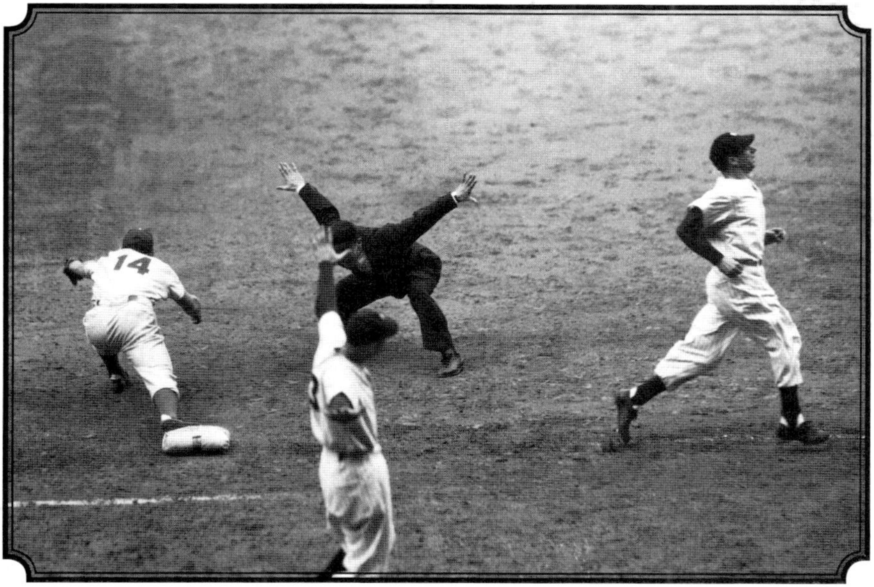

Bettmann/CORBIS

Joe DiMaggio es quieto en primera durante la Serie del Metro en Nueva York, 1947.

Los Dodgers de Brooklyn de 1952 salen al campo durante la práctica.

Willie Mays hace "The Catch", (la Gran Atrapada), durante el primer juego de la Serie Mundial de 1954 en Nueva York.

Del Crandall, receptor de los Bravos de Milwaukee, salta sobre **Willie Mays** mientras este se desliza quieto en el plato, 1959.

Los fanáticos se tiran al terreno después de que Bill Mazeroski batea un jonrón ganador de la Serie Mundial para los Piratas de Pittsburgh, 1960.

Roberto Clemente, de los Piratas de Pittsburgh,
batea contra los Orioles de Baltimore, 1971.

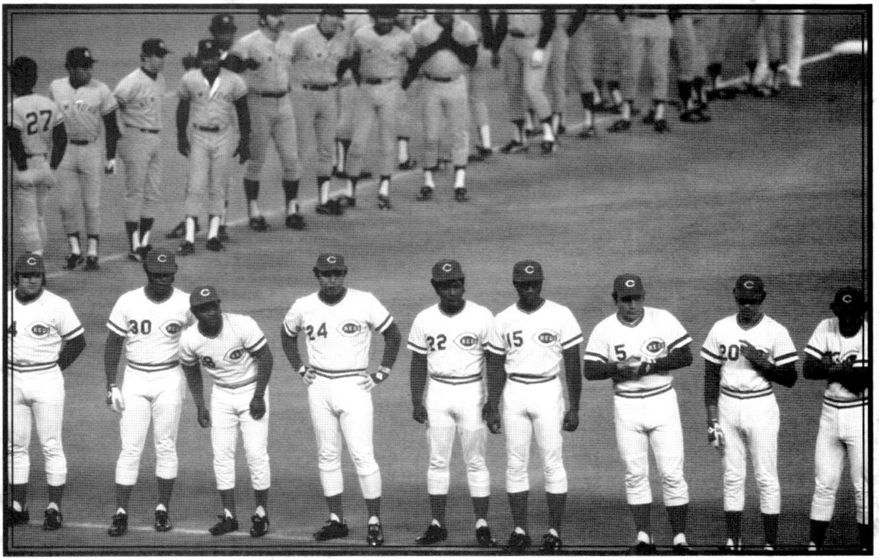
Neil Leifer/Getty Images

Los Rojos de Cincinnati de 1976 y los Yankees de Nueva York se alinean en el campo antes del primer juego en Cincinnati.

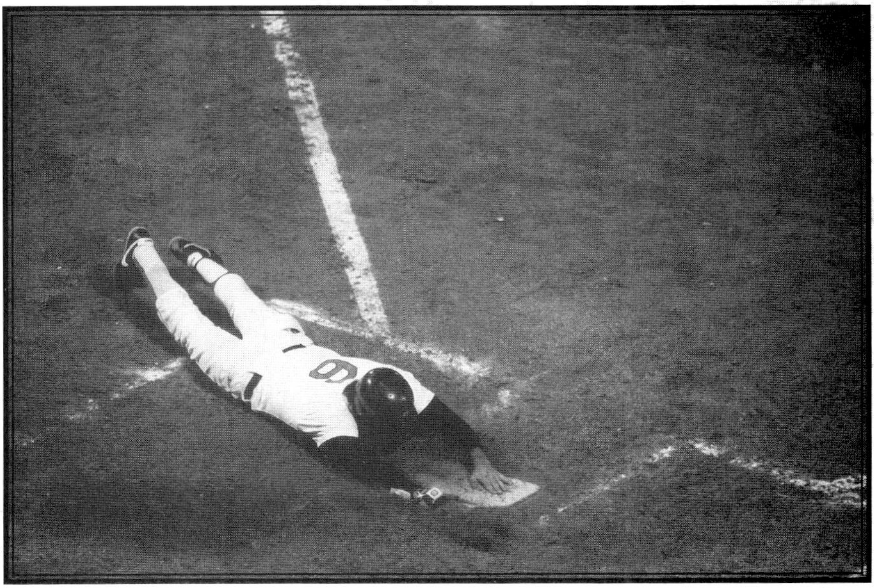
George Tiedemann/Getty Images

Bill Buckner, de los Medias Rojas de Boston, es quieto en el plato durante la Serie Mundial de 1986.

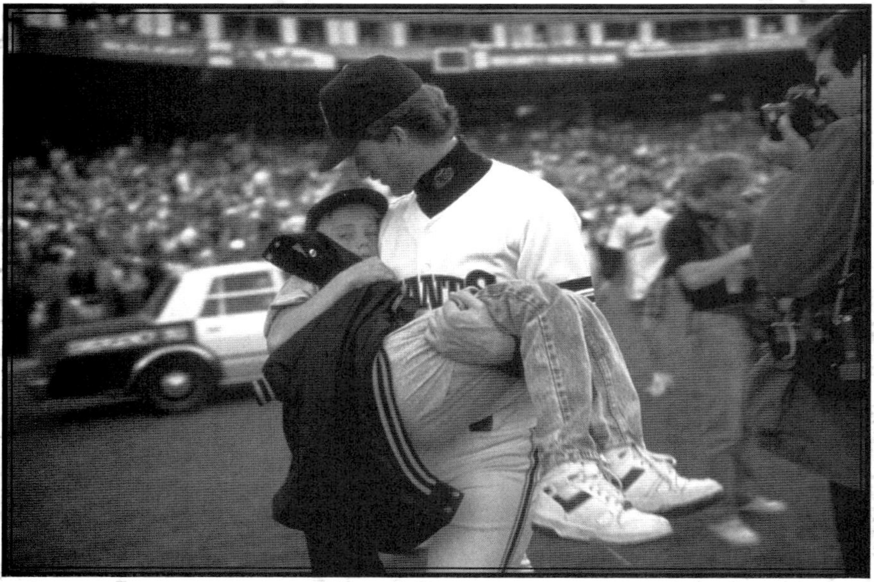

John Iacono/Getty Images

El jugador de los Gigantes, Kelly Downs, lleva a su sobrino después de que un terremoto golpeara Candlestick Park en San Francisco, 1989.

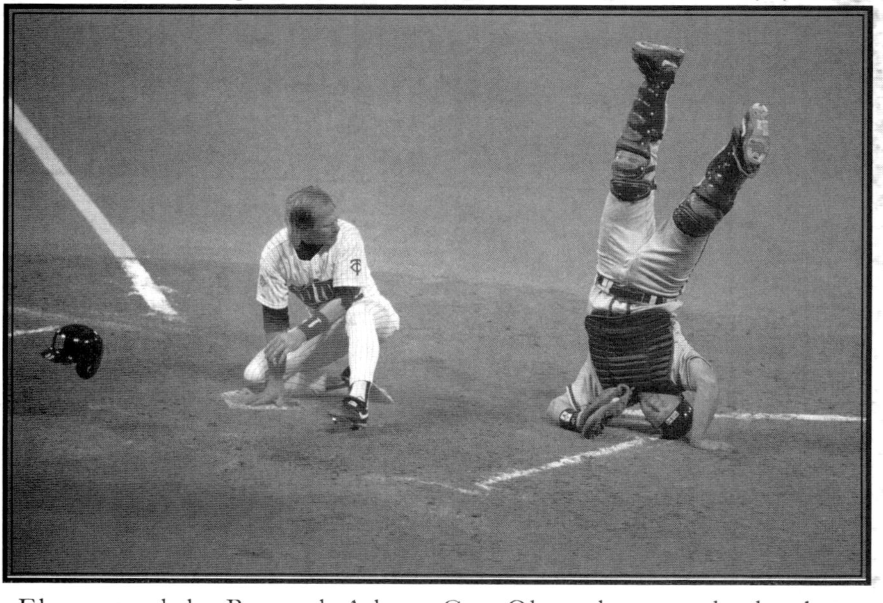

Richard Mackson/Getty Images

El receptor de los Bravos de Atlanta, Greg Olson, da una vuelta de cabeza después de poner out a Dan Gladden, de los Mellizos de Minnesota, 1991.

Kirby Puckett, de los Mellizos, batea en Minnesota, 1994

Derek Jeter, de los Yankees, levanta el trofeo de la Serie Mundial durante el desfile de la victoria en Nueva York, 2009.

CAPÍTULO 9
Década de 1970: Todavía malditos

Los Atléticos de Oakland, los Rojos de Cincinnati y los Yankees, dominaron los años setenta. Y en 1975, hubo una serie destacada entre los Rojos, ganadores de la LN, liderados por Pete Rose, Ken Griffey y Johnny Bench; y los ganadores de la LA, los Medias Rojas de Boston,

Pete Rose   Kenn Griffey   Johnny Bench

liderados por Carl Yastrzemski y Luis Tiant.

Los Rojos, conocidos como la Gran Máquina Roja, eran los favoritos, bien afeitados y elegantes. Los Medias estaban desaliñados y eran despreocupados.

Los equipos dividieron honores y el sexto partido fue uno de los más emocionantes.

Se celebró por la noche, en casa para Boston, que necesitaba la victoria para seguir con vida. En la octava entrada, los Rojos ganaban 6-3. Boston, al bate, ya tenía dos *outs*. El bateador emergente Bernie Carbo se acercó al plato. Él no era regular en la alineación, pero con la presión, bateó un jonrón de tres carreras.

Al final de la novena entrada, el marcador estaba empatado 6-6.

Ya era más de la medianoche cuando comenzó la duodécima entrada.

El receptor, Carlton Fisk, esperaba en la caja de bateo. Llegó una *sinker* y le hizo *swing*.

La bola se elevó y flotó a lo largo de la línea del jardín izquierdo. ¿Era *foul* o buena bola?, no estaba seguro. Agitó los brazos, como si pudiera empujar la pelota hacia la derecha. La pelota golpeó en lo alto de la red del poste de *foul*. ¡Un jonrón ganador del partido! Boston celebró el momento. Pero, todavía "malditos", perdieron el partido decisivo y la Serie.

Los Rojos de 1976, con su alineación de "8 Grandes", les ganaron a los Yankees. Pero al año siguiente, los Yankees volvieron a ganar, esta vez contra los Dodgers de Los Ángeles.

Reggie Jackson estaba con Nueva York esa temporada. Algunos de sus compañeros pensaban que él no se había esforzado lo suficiente en el terreno ese año.

Pero en la Serie de 1977, rindió mucho en los primeros cinco juegos. Los Yankees ganaban tres juegos a dos.

Durante la práctica de bateo antes del sexto juego, Jackson la botó por encima de la cerca del Yankee Stadium muchas veces. Los fans lo ovacionaron, pero aún no habían visto lo mejor.

En el final de la cuarta entrada, le hizo *swing* al primer lanzamiento y la mandó a las gradas para un jonrón de dos carreras. En el final de la quinta, volvió a reventar el primer lanzamiento, para otro jonrón de dos carreras. En la parte baja de la octava, golpeó el primer lanzamiento una vez más, enviándolo a las gradas. Tres veces seguidas, Jackson mandó el primer lanzamiento a las gradas.

Jackson empató el récord de jonrones de Babe Ruth en un partido de la Serie Mundial, e impuso otro: cinco jonrones en una Serie Mundial. Por eso lo llaman: Sr. Octubre.

Ganadores de la Serie Mundial

1970: Orioles de Baltimore sobre Rojos de Cincinnati

1971: Piratas de Pittsburgh sobre Orioles de Baltimore (El cuarto fue el primer juego celebrado de noche.)

1972: Atléticos de Oakland sobre Rojos de Cincinnati

1973: Atléticos de Oakland sobre Mets de Nueva York

1974: Atléticos de Oakland sobre Dodgers de Los Ángeles

1975: Rojos de Cincinnati sobre Medias Rojas de Boston

1976: Rojos de Cincinnati sobre Yankees de Nueva York

1977: Yankees de Nueva York sobre Dodgers de Los Ángeles

1978: Yankees de Nueva York sobre Dodgers de Los Ángeles

1979: Piratas de Pittsburgh sobre Orioles de Baltimore (Willie Stargell cerró el séptimo juego con un jonrón decisivo.)

CAPÍTULO 10
Década de 1980: Un error y un terremoto

En los años ochenta, muchos de los equipos estaban en la lucha por el banderín. ¿Podrían los Medias Rojas finalmente romper su "maldición"?

En 1986, se enfrentaron a los Mets.

Los Medias Rojas ganaban por 3 juegos a 2, cuando la serie se trasladó al *Shea Stadium* de Queens. Pero cada vez que Boston se adelantaba, en el sexto juego, los Mets empataban.

En la parte alta de la décima entrada, los Medias salieron al terreno, se sentían confiados. Estaban a tres *outs* del campeonato. La pizarra decía: "Felicidades, Medias Rojas".

El primera base Bill Buckner tenía un esguince. En todos los juegos que habían ganado, el mánager lo había sacado al final del juego, pero ahora lo dejaba. ¿Cómo podría afectar esto?

Dos bateadores llegaron, dos se fueron, estaban a un *out* de la victoria. Pero los siguientes tres bateadores dieron sencillo y entró una carrera. Los Medias Rojas seguían ganando 5-4.

Mookie Wilson se acercó al plato. La cuenta llegó a dos bolas y dos strikes. Luego vino un lanzamiento *wild*. El corredor de tercera anotó y el marcador se empató.

Wilson le hizo *swing* al siguiente lanzamiento y dio un roletazo a primera. Parecía un *out* fácil, pero la pelota pasó entre las piernas de Buckner y fue quieto en primera. Otro jugador anotó y los Mets ganaron el juego y la Serie en el séptimo partido.

Los fans perdonaron a Buckner, no era su culpa. La "maldición" había golpeado de nuevo.

El año siguiente, fue una Serie de California. Los Atléticos se enfrentaron a los Gigantes de San Francisco. Los Atléticos, favoritos, se llevaron los dos primeros juegos en Oakland, gracias a los poderosos bates de José Canseco y Mark McGwire.

El martes 17 de octubre por la noche, la serie se trasladó al *Candlestick Park*.

La noche era cálida y tranquila, inusual para San Francisco. A las cinco en punto, 62 000 fans estaban en el parque. Los jugadores esperaban para ser anunciados.

A las 5:04 p. m., un rugido recorrió las gradas. El suelo tembló, las paredes, los asientos, todo se movió. ¡Era un terremoto!

La policía ordenó que salieran. Todos salieron

corriendo del terreno para buscar a sus familias. Los fans corrían hacia las salidas.

Toda la ciudad estaba a oscuras. El puente de la bahía estaba agrietado. Sesenta y tres personas murieron y tres mil resultaron heridas. Miles más perdieron sus hogares. Pero todos en *Candlestick* salieron sanos y salvos.

La Serie se pospuso diez días. Al final, los Atléticos barrieron a los Gigantes, como todos esperaban. Pero nadie podría haber predicho el terremoto. ¡La Serie Mundial nunca es algo seguro!

Ganadores de la Serie Mundial

1980: Phillies de Philadelphia sobre Reales de Kansas City

1981: Dodgers de Los Ángeles sobre Yankees de Nueva York

1982: Cardenales de San Luis sobre Cerveceros de Milwaukee

1983: Orioles de Baltimore sobre Phillies de Philadelphia

1984: Tigres de Detroit sobre Padres de San Diego

1985: Reales de Kansas City sobre Cardenales de San Luis (Una mala decisión, les dio a los Reales un juego y la Serie.)

1986: Mets de Nueva York sobre Medias Rojas de Boston

1987: Mellizos de Minnesota sobre Cardenales de San Luis

1988: Dodgers de Los Ángeles sobre Atléticos de Oakland (Un Kirk Gibson, lesionado, dio un jonrón de dos carreras para ganar el partido e inspirar a sus compañeros.)

1989: Atléticos de Oakland sobre Gigantes de San Francisco

CAPÍTULO 11
Década de 1990: Del peor al mejor

El siglo cerró con sorprendentes ganadores y perdedores. En 1991, los dos campeones de liga pasaron de ser los peores a los mejores. Los Bravos de Atlanta se enfrentaron a los Mellizos de Minnesota en una Serie muy reñida. De hecho, cuatro partidos se decidieron con el último bateador.

Después del quinto partido, los Bravos ganaban tres juegos a dos. Antes del siguiente juego, Kirby Puckett anunció en los vestidores: "Deberían saltar sobre mi espalda esta noche. Voy a echarme el equipo arriba".

En la primera entrada, pegó un triple y anotó una carrera. En la tercera, jugando los jardines, Puckett de 1,70 metros, dio un salto para atrapar la bola y evitar un jonrón. Pero, el juego se fue a la prórroga.

En la undécima, salió a batear. Los fans gritaban "¡Kirby! ¡Kirby!". En conteo de dos y uno, mandó la bola a las gradas del jardín izquierdo. Los Mellizos ganaron el "Juego de Puckett" y la Serie.

El lanzador ganador del partido, Jack Morris, pasó a jugar con los Azulejos de Toronto. En 1992, ellos se convirtieron en el primer equipo fuera de Estados Unidos en ganar la Serie Mundial. Luego lo hicieron de nuevo en 1993. ¿Repetirían en 1994?

No. Los jugadores se declararon en huelga. Protestaban contra el tope salarial, un límite al dinero que un equipo podía pagarles a sus deportistas. Esa temporada terminó en agosto. Por primera vez desde 1905, no hubo Serie Mundial.

En 1995, volvió el Clásico de Otoño. ¿Pero dónde estaban los Yankees? No habían ganado una Serie Mundial en 16 años. Y no se habían hecho sentir desde 1981.

El equipo había

intentado mejorar. Y en 1996, por fin se hicieron con el título una vez más. De hecho, los Yankees ganaron tres de las cuatro Series siguientes, gracias a la superestrella Derek Jeter, al as del relevo Mariano Rivera y a una serie de sólidos bateadores y lanzadores. ¿Serían una nueva dinastía para el nuevo siglo?

Mariano Rivera

Ganadores de la Serie Mundial

1990: Rojos de Cincinnati sobre Atléticos de Oakland

1991: Mellizos de Minnesota sobre Bravos de Atlanta

1992: Azulejos de Toronto sobre Bravos de Atlanta

1993: Azulejos de Toronto sobre Phillies de Philadelphia

1994: No hubo Serie Mundial

1995: Bravos de Atlanta sobre Indios de Cleveland

1996: Yankees de Nueva York sobre Bravos de Atlanta

1997: Marlins de Florida sobre Indios de Cleveland (El primer equipo comodín en llegar a la Serie y ganar el título.)

1998: Yankees de Nueva York sobre Padres de San Diego

1999: Yankees de Nueva York sobre Bravos de Atlanta

CAPÍTULO 12
Los años 2000: La unión hace la fuerza

El 11 de septiembre de 2001, Nueva York y Washington, DC sufrieron ataques terroristas que sacudieron el país hasta la médula. Murieron casi tres mil personas.

Un mes después, los Yankees estaban en la Serie Mundial. Su estadio estaba a solo 9 millas del lugar del atentado. Para el primer juego, la seguridad fue estricta. Se prohibió el tráfico aéreo en las inmediaciones. Más de mil policías montaron guardia.

Las emociones se desbordaron. La bandera del *World Trade Center* ondeaba. Los fans agitaban sus propias banderas, coreando "¡USA! ¡USA!".

Los Yankees esperaban ganar su cuarto título consecutivo. Eso había sucedido solo dos veces antes, y en ambas ocasiones, por equipos de los Yankees.

Los Diamondbacks de Arizona, en su primera Serie, querían detenerlos. En los juegos uno y dos, en su terreno, lo hicieron. Pero los Yankees se llevaron los tres siguientes, frente a las multitudes de Nueva York.

Los juegos decisivos fueron en Arizona. En la octava entrada del séptimo partido, los Yankees ganaban 2-1.

Entró el mejor relevista de los Yankees, Mariano Rivera. Nunca había perdido un partido de postemporada. Efectivamente, Rivera ponchó a los tres bateadores de Arizona.

Pero en la novena, con corredores de Arizona en primera y segunda, Tony Womack pegó un doblete y el marcador se igualó 2-2.

Sorprendentemente, Rivera golpeó al siguiente bateador y las bases se llenaron.

Luis Gonzales vino al cajón de bateo. Sabía que tenía que poner la bola en juego. Le hizo *swing* y sacó un globito sobre la cabeza de Derek Jeter. Fue un sencillo, el juego y la Serie.

Los Yankees perdieron también ante los Marlins en 2003. Luego, en la postemporada de la LA de 2004 se enfrentaron a los Medias Rojas, sus eternos rivales.

Boston perdía por tres juegos a cero. Pero remontaron para ganar el título de la LA, con Curt Schilling lanzando con un tobillo lesionado y con su calcetín empapado en sangre. Con esa energía, los Medias no podían perder. Barrieron a los Cardenales en la Serie Mundial.

¡La maldición del Bambino al fin se había roto!

En 2007 los Medias barrieron a los Colorado Rockies para conseguir otra Serie Mundial. Y en 2013 tuvieron otra oportunidad de llevarse el título. Nadie esperaba mucho del equipo. El año anterior, terminaron en el último lugar. Habían perdido a su entrenador y a algunos jugadores clave. Pero la tragedia unió al equipo.

El 15 de abril, los Medias Rojas jugaban en *Fenway Park* por la mañana. Era el mismo día del famoso Maratón de Boston. A las 2:49 p. m., una bomba explotó cerca de la línea de meta de la carrera. Tres personas murieron, más de cien resultaron gravemente heridas. Fue otro acto de terror que dejó una ciudad horrorizada.

Los Medias visitaron a las víctimas del Maratón durante toda la temporada. Antes de cada partido, colgaban una camiseta con las palabras "*Boston Strong*" (Boston es fuerte) en el banquillo. Los jugadores se unieron al luto afeitándose la cabeza y dejándose barba. Mantuvieron ese aspecto hasta la Serie Mundial, otra vez contra los Cardenales.

En los primeros cinco juegos, el designado David Ortiz bateó de quince once. En el sexto juego, los lanzadores le dieron cuatro bases por bolas. Aún así, Boston ganó la Serie.

Dos millones de personas participaron en el desfile. El trofeo fue colocado en la línea de meta del Maratón para honrar a las víctimas, a los corredores y a la ciudad.

Otra vez, la Serie Mundial demostró ser algo más que una competencia. A través de las décadas, de los siglos, esta se ha convertido en parte de la historia de EE. UU.

En 2016, la Serie enlazó dos siglos para

hacer historia. Los Cachorros de Chicago se enfrentaron a los Indios de Cleveland. Ambos equipos llevaban más tiempo que ningún otro sin un título de la Serie Mundial. Los Cachorros, con la esperanza de romper la Maldición del Chivo Billy, llevaban más de cien años esperando.

Los Cachorros tenían 103 victorias en la temporada. Solo 4 años antes, tenían 101 derrotas. Después de cuatro partidos, los Indios ganaban

3 juegos a 1. Una victoria más y conseguían el campeonato.

Luego los Cachorros ganaron el quinto juego, en casa. Viajaron a Cleveland donde las probabilidades estaban en su contra, pero ganaron de nuevo. Así que todo se redujo al juego 7.

Todos en el país sabían de Chicago y la famosa maldición. Esto podría hacer historia.

Al principio, parecía una fácil victoria de los Cachorros. Hicieron cinco carreras en las primeras cinco entradas. Ya en la octava, tenían ventaja de 6-3. Pero los Indios empataron el juego. El empate se mantuvo en la novena, con los Indios todavía impetuosos.

Ahora el clima se unió al drama. Comenzó a llover y se decretó un retraso por lluvia.

El jardinero de los Cachorros, Jason Heyward, reunió a sus 25 compañeros en una pequeña sala de hacer pesas, y sorprendió a todos con su discurso. Quería que sus compañeros supieran que estaba orgulloso de ellos, que los quería y que eran el mejor equipo del béisbol.

Eso animó al equipo. El primer bate Kyle Schwarber, que había estado sin jugar por una lesión ¡dio un sencillo! El siguiente bateador sacó una base por bolas. Entonces Ben Zobrist ¡pegó un doblete impulsor de una carrera! Después de otra base por bolas, Miguel Montero dio un sencillo, y otro corredor anotó.

En la parte baja del décimo, los Cachorros ganaban por dos, pero los Indios no se rendían. Con dos *outs*, anotaron una carrera. El siguiente bateador dio un roletazo lento. El tercera base Kris Bryant recogió la pelota y tiró a primera. Cuando Anthony Rizzo atrapó la pelota y pisó la almohadilla para el *out*, los fans de los Cachorros gritaron de alegría. Por fin, después de tanto tiempo, habían ganado la Serie Mundial.

La Serie Mundial de 2017 volvió a traer el trofeo a una ciudad que había vivido recientemente tiempos muy duros. Dos meses después de que el huracán Harvey devastara la zona de Houston, los

Astros de Houston les ganaron la Serie Mundial a los Dodgers de Los Ángeles, ¡la primera en los 55 años de historia del equipo!

La serie fue un suspenso de siete juegos que rompió muchos récords, entre ellos la mayor cantidad de jonrones en un solo juego (8) y la mayor cantidad de jonrones en una Serie Mundial (25).

Los Dodgers se enfrentaron a los Medias Rojas de Boston en la Serie Mundial de 2018. Perdieron cuatro juegos a uno. Pero se estableció un nuevo récord para el juego de la Serie Mundial más largo de la historia: ¡El juego 3 duró siete horas y veinte minutos!

¿Se romperá algún récord en la próxima Serie Mundial? ¿Habrá jugadas que pasen a la historia? ¡Tendrás que seguir viendo los juegos para averiguarlo!

Ganadores de la Serie Mundial

2000: Yankees de New York sobre Mets de Nueva York

2001: Diamondbacks de Arizona sobre Yankees de Nueva York

2002: Ángeles de Anaheim sobre Gigantes de San Francisco

2003: Marlins de Miami sobre Yankees de Nueva York

2004: Medias Rojas de Boston sobre Cardenales de San Luis

2005: Medias Blancas de Chicago sobre Astros de Houston

2006: Cardenales de San Luis sobre Tigres de Detroit

2007: Medias Rojas de Boston sobre Rockies de Colorado

2008: Phillies de Philadelphia sobre Mantarrayas de Tampa Bay

2009: Yankees de Nueva York sobre Phillies de Philadelphia

2010: Gigantes de San Francisco sobre Texas Rangers

2011: Cardenales de San Luis sobre Texas Rangers

2012: Gigantes de San Francisco sobre Tigres de Detroit

2013: Medias Rojas de Boston sobre Cardenales de San Luis

2014: Gigantes de San Francisco sobre Reales de Kansas City

2015: Reales de Kansas City sobre Mets de Nueva York

2016: Cachorros de Chicago sobre Indios de Cleveland

2017: Astros de Houston sobre Dodgers de Los Ángeles

2018: Medias Rojas de Boston sobre Dodgers de Los Ángeles

2019: Nacionales de Washington sobre Astros de Houston

2020: Dodgers de Los Ángeles sobre Mantarrayas de Tampa Bay

2021: Bravos de Atlanta sobre Astros de Houston

Cronología de la Serie Mundial

1876	Se funda la Liga Nacional el 2 de febrero
1882	Los ganadores del banderín, los Rojos de Cincinnati (LN) y los Medias Blancas de Chicago (LA) juegan la primera serie de postemporada
1901	Se funda la Liga Americana el 28 de enero
1903	Primera Serie Mundial moderna entre el equipo de Boston de la LA y el de Pittsburgh de la LN
1908	Segunda Serie ganada por los Cachorros de Chicago
1919	Escándalo de los Medias Negras
1921	Primera Serie del Metro, los Gigantes sobre los Yankees
	Primera serie transmitida por radio
1927	La Tanda del Terror de los Yankees, incluyendo a Babe Ruth y Lou Gehrig, arrasa en la Serie
1934	Los Cardenales de San Luis, llamados la Pandilla *Gashouse*, ganan la Serie Mundial
1947	Primera Serie Mundial televisada, Yankees contra Dodgers
	El primer jugador negro de las Grandes Ligas, Jackie Robinson, juega en la Serie Mundial
1955	Los Dodgers de Brooklyn ganan su primera Serie, derrotando finalmente a su archienemigo los Yankees
1969	Los *Miracle Mets* vencen a los Orioles en una histórica sorpresa
1977	Reggie Jackson batea tres jonrones seguidos, todos sobre el primer lanzamiento, para llevar a los Yankees a la victoria
1989	La Serie Mundial es interrumpida por un terremoto en San Francisco
2004	Ochenta y seis años después de ganar su último campeonato, los Medias Rojas ganan una Serie Mundial
2016	Ciento ocho años después de ganar su último campeonato, los Cachorros ganan una Serie Mundial

Cronología del mundo

1876	Alexander Graham Bell obtiene la patente del primer teléfono
1882	El propietario de un circo, P. T. Barnum, compra el famoso elefante Jumbo
1901	El vigésimo quinto presidente de Estados Unidos, William McKinley, es asesinado por León Czolgosz
1903	Los hermanos Wright realizan el primer vuelo en avión
1908	Se celebra por primera vez el Día de la Madre
1920	La Decimonovena Enmienda de la Constitución de EE. UU. concede a las mujeres el derecho al voto
1929	La Bolsa de valores de Nueva York se desploma en octubre, dando lugar a la Gran Depresión
1933	Adolfo Hitler toma el poder en Alemania
1945	Finaliza la Segunda Guerra Mundial
1955	El juego de mesa Scrabble se vende en las tiendas
1969	El astronauta Neil Armstrong pisa la Luna
	El festival de música de Woodstock se celebra en el norte de Nueva York
1976	Stephen Wozniak y Steven Jobs fundan *Apple Computer, Inc.*
1986	Cinco millones de personas se dan la mano desde California hasta Nueva York en "*Hands Across America*" para luchar contra el hambre y la pobreza
1989	Un petrolero de Exxon, el Valdez, derrama once millones de galones de petróleo frente a la costa de Alaska
2004	Se lanza la red social Facebook en la Universidad de Harvard
2016	El activista y gran boxeador Muhammad Ali muere a los setenta y cuatro años

Bibliografía

* Libros para jóvenes lectores

Abrams, Roger, I. *The First World Series and the Baseball Fanatics of 1903*. Boston: Northeastern University Press, 2003.

Asinof, Eliot. *Eight Men Out: The Black Sox and the 1919 World Series*. New York: Henry Holt and Company, 1963.

* Buckley, James, Jr. *World Series*. New York: DK Publishing, 2004

* Christopher, Matt, with text by Stephanie Peters. *The World Series: The Greatest Moments of the Most Exciting Games*. New York: Little Brown and Company, 2007.

Fimrite, Ron. *Sports Illustrated: The World Series: A History of Baseball's Fall Classic*. New York: Time Inc. Home Entertainment, 1997.

Heidenry, John. *The Gashouse Gang*. New York: Public Affairs, 2007.

Leventhal, Josh. *The World Series: An Illustrated Encyclopedia of the Fall Classic*. New York: Black Dog and Leventhal Publishers, 2001.

Sitio web

www.thisgreatgame.com. This Great Game: The Online Book of Baseball History.